Frédéric

MW00571877

Pourquoi la guerre ?

Les conflits d'hier et d'aujourd'hui

LES ESSENTIELS MILAN JUNIOR

Sommaire

La guerre et la paix dans les années 2000

Pour les plus curieux

La guerre est-elle le propre de l'homme ?

La guerre, c'est quoi ?

Même si on parle aujourd'hui de « guerre froide », de « guerre économique » ou de « guerre électronique », la guerre, c'est avant tout une lutte militaire, armée et violente entre des peuples, des États ou des groupes sociaux.

L'horreur de la guerre

Si les enfants jouent à la guerre dans la cour de récréation ou dans la rue avec des armes en plastique, la guerre « en vrai » n'est pas un jeu d'enfant. Elle est toujours dévastatrice pour les peuples qui la subissent. À cause de la guerre, des hommes, des femmes, des enfants sont tués, blessés, mutilés, torturés, déportés. Les victimes de la guerre depuis les débuts de l'Histoire se comptent en milliards.

De tout temps, l'homme s'est battu

Les hommes se battent entre eux depuis les origines de l'humanité. Des historiens ont calculé que, depuis la fin de la préhistoire, le monde civilisé n'avait connu que 250 années de paix. Aujourd'hui, des dizaines de conflits se déroulent encore un peu partout dans le monde, faisant des centaines de milliers de victimes.

La guerre est une spécificité humaine

Les animaux ne se tuent pratiquement jamais entre membres de la même espèce. Les hommes si. On peut donc se demander si la guerre n'est pas pour eux une fonction aussi instinctive et naturelle que manger ou dormir, une fatalité contre laquelle on ne peut rien faire.
C'est ce que pensent certains historiens.
Pourtant, l'« instinct de guerre » n'est pas une fatalité biologique. Si la guerre est très largement répandue, elle n'a pas toujours existé comme mode de règlement des conflits entre les sociétés humaines. Des peuples comme les Papous de Nouvelle-Guinée, par exemple, ne se sont jamais battus.

Les origines de la guerre

Les hommes se sont battus tout au long de la préhistoire. Pourtant, la lutte armée entre groupes humains prend une nouvelle ampleur avec les débuts de la civilisation.

La loi de la jungle

Tout au long de la préhistoire, les premiers homme se battent entre eux pour une carcasse de viande une source d'eau ou un territoire de chasse. Su les sites préhistoriques, on a retrouvé de nombreu squelettes portant la trace de traumatismes causé par des objets lourds. Les combats entre homme consistent sans doute en guets-apens et raids mené par de petits groupes d'individus. Ils font probable ment assez peu de victimes.

La faute à la société ?

Avec les débuts de l'agriculture sédentaire, on assiste une recrudescence de la violence. En effet, les homme deviennent plus nombreux et de plus en plus dépen

Le savais-tu ?

Armes magiques

Pendant la préhistoire, la différence entre les armes de chasse et celles de guerre tient à la façon dont elles sont décorées. Une arme comportant des dessins a un pouvoir magique censé rendre son utilisateur plus courageux et plus chanceux au combat.

dants de la terre pour leur subsistance. Ils vont donc chercher à protéger leur territoire ou à conquérir les terres voisines. Les sociétés humaines s'organisent en cités-États sous le commandement d'une autorité royale ou aristocratique. Des armées de soldats, dont le métier est de se battre, sont peu à peu constituées.

L'art de la guerre

Entre – 4000 et – 2000 av. J.-C. naissent les premières grandes civilisations, mais aussi les premiers empires, en Mésopotamie et en Égypte. La puissance militaire passe au premier plan. L'armement devient de plus en plus sophistiqué, notamment avec la progression du travail du métal : le bronze puis le fer. Avec la domestication du chameau et surtout du cheval, les armées gagnent en rapidité et en puissance. Le char, puis la cavalerie sont inventés, même si le gros des troupes reste constitué de fantassins.

Légionnaire et chevalier

Tous les grands empires de l'Antiquité, de l'Égypte à Rome, en passant par celui d'Alexandre le Grand, se sont appuyés sur une armée très bien organisée : cavalerie rapide d'archers et infanterie avançant en rangs bien serrés. Au Moyen Âge, les chevaliers en armures deviennent l'élément dominant de la bataille. Mais l'équipement coûte cher et ils restent peu nombreux.

Au Moyen Âge, avec la chevalerie, un certain code de l'honneur apparaît : la protection du royaume et de ses sujets devient une préoccupation grandissante.

sidebar
Comment les frontières se dessinent

L'histoire de l'humanité et de ses civilisations est jalonnée de batailles, de conquêtes et de défaites. Les empires se font et se défont au rythme de la guerre. En Europe, la plupart des royaumes du Moyen Âge qui succèdent à l'Empire romain se construisent à coups de batailles et d'invasions, et il en sera ainsi jusqu'au XXe siècle. Presque toutes les frontières actuelles entre pays européens sont nées des multiples guerres qui se sont déroulées en Europe.

dico

Fantassin : soldat qui combat à pied.

Raid : opération guerrière éclair menée en territoire ennemi.

Guerre et progrès technique

Avec l'invention du canon, les attaques de châteaux forts redoublent de violence.

Plus une société humaine est matériellement civilisée et développée, plus ses guerres sont meurtrières.

De la lance au canon

L'invention de la poudre et des armes à feu marque un tournant décisif dans l'histoire de la guerre. Aucune invention depuis les premières guerres de l'Antiquité ne change aussi radicalement l'art du combat, même si son introduction est progressive entre 1260, date de la première formule de poudre, et le XVe siècle, où l'on monte pour la première fois le canon sur des roues pour en faciliter le déplacement. Les chevaliers en armures, les archers et les armes blanches se trouvent dépassés.

Les armées modernes

À partir du XVIIe siècle, la guerre est l'affaire de professionnels en uniforme, entraînés et armés par les États en conséquence. Les soldats apprennent par exemple à tirer en formation, par salves, ce qui est d'une redoutable efficacité sur les champs de bataille. Les armées des royaumes de Prusse et de Suède sont des modèles du genre. À cette époque

---

Le savais-tu ?

Les débuts de l'action humanitaire

C'est après avoir assisté aux carnages de la bataille de Solferino, en juin 1859, qu'Henri Dunant décide de fonder la Croix-Rouge. Ce jour-là, 22 000 Autrichiens et 17 000 Français et Italiens sont blessés et abandonnés sur le champ de bataille, sans parler des milliers de morts. Le livre de témoignage qu'il publie peu de temps après soulève une émotion considérable en Europe, signe que les esprits deviennent peu à peu sensibles aux ravages de la guerre.

---

es armées sont composées de soldats profession-
els et de mercenaires de toutes les nationalités.

ux armes, citoyens !

Avec la Révolution française (1789) et les guerres
apoléoniennes, les armées deviennent natio-
ales. Tous les soldats appartiennent au même
pays. Ils se battent pour leur patrie et beaucoup
d'entre eux s'engagent volontairement, en tant
que citoyens patriotes. Le service militaire est créé
pendant cette période post-révolutionnaire. Se
battre pour la nation est un devoir qu'on enseigne
à l'école. Les guerres n'en sont pas moins dévasta-
rices et meurtrières : celles menées par Napoléon,
par exemple, mettent l'Europe à feu et à sang.

La guerre mécanisée

Les prouesses techniques de la révolution indus-
rielle permettent de perfectionner les armes dans
tous les domaines : navires à vapeur blindés, fusils
à cartouches, pistolets à répétition, mitrailleuses,
canons. Puis, au début du xxᵉ siècle, l'automobile,
l'avion et le char, équipés pour la guerre, deviennent des engins de mort redoutables.

Pour sa politique de conquête,
Napoléon peut s'appuyer
sur des troupes émérites.
Avec la Grande Armée, il va,
un temps, dominer l'Europe.

La guerre totale

Avec ses deux guerres mondiales et ses multiples conflits régionaux, le XXᵉ siècle est le plus meurtrier et le plus violent de toute l'histoire de l'humanité.

Les Poilus de la Première Guerre mondiale (tranchées de Verdun, 1916).

Une drôle de « Grande Guerre »

En août 1914, l'Europe plonge dans une guerre qui enflamme tout le continent et qui a des répercussions sur une grande partie de la planète. De nombreux pays non européens entrent dans le conflit, comme les États-Unis. C'est la Première Guerre mondiale (1914-1918). 65 millions de soldats s'affrontent. Les batailles, comme celle de Verdun, sont d'une violence inouïe. Cette guerre fera plus de 16 millions de morts avec les civils.

Voyage au bout de la nuit

On a dit parfois que les combattants ont été manipulés par les dirigeants politiques qui les ont envoyés à la guerre. Or il est avéré aujourd'hui que de nombreux soldats Français et Allemands ainsi qu'une majorité des populations, étaient consentants pour des raisons patriotiques. Dans s deux camps, chacun pensait qu'il était du côté u droit, de la raison et de la civilisation ; chacun ensait avoir raison. Les déserteurs, quand il y n avait, étaient sévèrement sanctionnés. Rares urent les mutineries. Certains soldats furent usillés pour avoir refusé de faire la guerre.

a Seconde Guerre mondiale

près la boucherie de la « Grande Guerre », es hommes sont revenus en disant « *plus jamais a !* ». On parlait de la « der des ders ». Mais c'était ans compter sur la crise économique des années 930 et la montée des fascismes dans de nomb- eux pays. La Seconde Guerre mondiale 1939-1945) éclate. Elle sera pire que la première, n faisant… entre 50 et 60 millions de morts. e fut une guerre totale. Contrairement aux règles e la guerre classique, les civils furent largement ouchés. Des villes entières furent rasées sous es bombardements dans les deux camps.

ne sinistre invention

our la première fois, en 1945, on utilisa l'arme ucléaire (bombe atomique) sur les villes japonaises 'Hiroshima et de Nagasaki. Ces villes furent pulvé- isées en quelques minutes avec leurs habitants. e nombreuses personnes sont mortes près coup, à cause de la radio- ctivité qui les avait atteintes rs de la déflagration.

1944, ur le débarquement n Normandie), des chars sont nsportés par bateau ; c'est la 2ᵉ division blindée nçaise qui débarque.

Les enfants et la guerre

Vase grec représentant des soldats spartiates prêts au combat.

La guerre à 11 ans

Dans l'Antiquité, la puissante cité de Sparte, en Grèce, faisait de son armée un culte. À la naissance, les nourrissons trop fragiles étaient éliminés.
À l'âge de 7 ans, les plus résistants des garçons étaient pris en charge pour devenir de futurs soldats entraînés et aguerris. Dès l'âge de 11-12 ans, ils étaient prêts au combat.

La croisade des enfants

En 1212, l'Église appelle à la croisade pour aller libérer la ville sainte, Jérusalem, tombée aux mains des musulmans. L'Histoire dit que des milliers d'enfants européens de 6-7 ans seraient partis sur les routes, à pied, en direction de la Palestine. Beaucoup seraient morts en route, d'autres auraient été capturés en mer par des pirates et vendus comme esclaves. Très peu auraient atteint la Terre sainte.

La croisade des enfants.
Gravure d'après Edouard Zier.

Les Jeunesses hitlériennes

En Allemagne, pendant les années 1930-1940, elles sont un passage obligé pour les jeunes allemands, dès l'âge de 10 ans. En 1944, alors que la défaite paraît inéluctable, la mobilisation générale est décrétée et une partie de ces jeunesses est envoyée au front. Mal entraînés, beaucoup de ces enfants se font massacrer dès leur premier combat.

Le régime nazi tentera de conditionner et de fanatiser les Allemands dès leur plus jeune âge : les Jeunesses hitlériennes sont créés à cet effet (défilé, octobre 1941).

Les enfants cibles

Dans les guerres d'aujourd'hui, les enfants deviennent des cibles privilégiées, car ils représentent les générations futures, qu'il faut éliminer. Dans ces cas tragiques, les petites filles sont particulièrement touchées. Les enfants sont également visés pour démoraliser l'adversaire. En Yougoslavie, en Afghanistan, en Afrique, des mines ont parfois été dissimulées dans des jouets laissés volontairement dans la nature...

La lutte contre l'utilisation des mines antipersonnel avance petit à petit. Malheureusement, ces armes meurtrières causent encore aujourd'hui de nombreuses morts ou mutilations.

Pourquoi sommes-nous (parfois) agressifs ?

L'unité du genre humain est une notion récente

Un animal tue rarement un membre de la même espèce que lui. L'homme oui. Pourquoi ? Les humains exagèrent leurs différences en développant des signes extérieurs qui les distinguent et les séparent les uns des autres : langues, coutumes, idées. Un homme peut donc refuser d'admettre qu'un autre individu est aussi un être humain, égal à lui-même. Il le considérera comme un inférieur, un « sous-homme » ou un « sauvage ». Dans une guerre, l'être humain n'a donc pas toujours l'impression de tuer des membres de la même espèce que lui.

L'agressivité et la violence peuvent prendre racine en chacun de nous. Tout dépend des circonstances et de notre environnemen social, économique et culturel.

Bagarre et dispute

Il nous est arrivé à tous de nous disputer ave quelqu'un. Parce qu'on ne comprend pas so comportement ou ses idées, ou tout simplemen parce qu'on est fatigué ou de mauvaise humeu Notre agressivité peut se manifester alors par d la violence, verbale ou physique. Tu as dû parfoi assister à des disputes ou à des bagarres dan la cour de récréation ou en être toi-même la victim

D'où vient cette agressivité ?

Comme n'importe quel animal, l'homme peu avoir des pulsions agressives. On sait aujourd'hu que, si un signal nerveux est envoyé à une parti du cerveau, on ressent immédiatement de l'irri tation et le corps se prépare au combat (ou à l ite). Certains éthologues estiment que cette gressivité est nécessaire à la vie et à l'évolution es espèces. L'agressivité entre individus permetait, par exemple, d'instaurer une hiérarchie au in d'un groupe pour que tous puissent collarer dans la recherche de la nourriture.

s débouchés de l'agressivité

ertains scientifiques en déduisent que l'agressité est innée chez l'homme, comme un réservoir énergie nerveuse qui doit se déverser d'une anière ou d'une autre. La guerre serait alors un bouché possible, socialement accepté, pour tte agressivité. Pourtant, l'étude des civilisaons montre que certains peuples ne se sont mais battus entre eux, tels les Papous, les quimaux ou les Aborigènes d'Australie.

guerre n'est pas une fatalité biologique

guerre n'est donc pas **génétiquement** proammée dans la nature humaine. Si l'agressivité un support biologique, s manifestations pendent de facteurs ciaux et culturels : leurs prônées par société, l'éducation, nvironnement onomique, circonstances storiques, etc.

Esquimaux (ici en Alaska)
l'un des rares peuples
pas être belliqueux !

17

Quelques raisons de se faire la guerre

Les raisons de se faire la guerre ne manquent jamais. Complexes et multiples, elles varient d'une guerre à l'autre.

Les religions, facteurs de paix ou de conflits ?

Toutes les grandes religions prônent la paix entre les hommes. Pourtant, des guerres terribles ont souvent été menées au nom de Dieu, prenant la forme de « guerres de religion » ou de « guerres saintes ». Quand les croyants d'une religion prétendent détenir seuls la vérité, ils peuvent tomber facilement dans le fanatisme et l'intolérance.

La guerre, une chose normale

Jusqu'au XXᵉ siècle, la guerre était u[ne] valeur dominante en Europe : elle éta[it] considérée comme normale. L'ouvra[ge] *De la guerre* du général prussien Clausew[itz] (1780-1831) influença beaucoup de di[ri]geants politiques et militaires. Il écriv[ait] que « *la guerre n'est que la continuation [de] la politique par d'autres moyens* ». Dans [les] écoles, on apprenait aux enfants que c'ét[ait] un honneur d'aller se battre pour la patr[ie].

La guerre de conquête

Dès les débuts de la civilisation, des hommes o[nt] recherché la puissance et le prestige, pour e[ux]

Alexandre le Grand. Détail d'une mosaïque retraçant la bataille d'Issos. Alexandre y écrase l'armée perse et continue ses conquêtes en Asie.

u pour leur peuple. Ces ambitions se
ont manifestées par le désir de conquérir
les territoires. Alexandre (IVe siècle av. J.-C.),
ules César (Ier siècle av. J.-C.), Gengis Khan
XIIIe siècle), Napoléon (XIXe siècle) ou Hitler
XXe siècle) furent ce type de conquérants.
'ar ailleurs, des peuples en quête de terres
nt souvent utilisé la force pour s'installer
lans un endroit.

eau, l'argent, le pétrole

a guerre peut avoir des causes économiques.
es hommes se font souvent la guerre pour
'emparer des ressources de la nature : régions
iches en eau pour l'agriculture, en minerais,
n pétrole. C'est pour le pétrole que l'Irak de
addam Hussein a envahi le Koweït en 1990,
t pour lui également que la coalition occi-
lentale emmenée par les États-Unis lui a fait
a guerre en 1991. Par ailleurs, un pays où
évit une crise économique est toujours un
errain fertile où les idées belliqueuses peuvent
e développer (Allemagne durant les années
920-1930, par exemple).

lation et idéologie

Depuis la Révolution française, de nom-
oreuses guerres ont été menées pour
a nation, que ce soit au nom de la « patrie
n danger » ou du nationalisme le plus
virulent. La Première Guerre mondiale est
un bon exemple de guerre nationaliste.
La guerre froide entre les États-Unis et l'URSS
ut en partie idéologique, en opposant le capi-
alisme au communisme.

L'argent est le nerf de la guerre

Drogues (Colombie, Afghanistan) et diamants (pays de l'Afrique subsaharienne) apportent d'énormes revenus à ceux qui en font le commerce. Des accords sont souvent passés entre trafiquants et groupes armés. L'argent de ces trafics alimente de nombreux conflits locaux un peu partout dans le monde.

dico

Coalition : alliance de plusieurs pays engagés dans une guerre contre un ennemi commun.

Guerre froide : conflit entre pays qui ne s'affrontent pas directement. La guerre froide entre les États-Unis et l'URSS, de 1945 à 1989, fut caractérisée par la course aux armements et de nombreux conflits où les deux grandes puissances s'affrontèrent par combattants interposés (Corée, Vietnam).

Idéologie : système d'idées, de croyances et de doctrines sur le monde et la vie propre à un individu, à un groupe ou à une époque. Il existe des idéologies politiques, religieuses ou économiques.

Nation : groupe assez vaste d'hommes conscients de leur unité politique, sociale et culturelle. En général, la volonté de vivre ensemble caractérise la nation, qui est souvent installée sur un territoire précis délimité par des frontières.

Nationalisme : doctrine qui place l'intérêt de la nation au-dessus de celui des individus et une nation au-dessus des autres.

Patrie : c'est le pays auquel on appartient.

Y a-t-il des guerres justes ?

Résistants français pendant
la Seconde Guerre mondiale.

En théorie, pour être juste, une guerre devrait
à la fois avoir une « cause juste » et être
« justement menée ». Dans la pratique,
ces deux conditions sont rarement respectées.

Légitime défense et guerre de libération

Quand un pays est agressé et occupé par un autre
il a moralement le droit de se défendre par la lutt
armée. Ce fut le cas, par exemple, des résistants fran
çais contre les Allemands pendant l'Occupation
entre 1940 et 1944, ou des Algériens quand ils lutte
rent contre l'occupation coloniale française pendan
la guerre d'Algérie, entre 1954 et 1962.

La guerre humanitaire

Quand l'homme fait la guerre à ce qui agress
la vie humaine, quand la guerre vise à restaure

paix ou à sauver des populations, on parle « guerre humanitaire ». Les Occidentaux sont par exemple intervenus en Somalie, pays en proie à la guerre civile, pour sauver la population de famine, ou au Kosovo, pour sauver les Albanais de l'oppression des forces serbes. Le problème, c'est que l'humanitaire est souvent utilisé comme un prétexte pour dissimuler des intérêts stratégiques et politiques particuliers : un État fait rarement la guerre pour de bons sentiments.

Une guerre juste devrait être « justement menée »

Cela signifie que les conventions de Genève devraient toujours être respectées : civils préservés, prisonniers bien traités, armes biologiques interdites. Pourtant, l'expérience montre que la « guerre propre » n'existe pas. Des armes à uranium appauvri (c'est-à-dire radioactives) ont été utilisées par les Américains en Irak, au Kosovo et en Afghanistan. Dans chacune de ces guerres, de nombreux civils ont été tués sous les bombardements.

Négociation et médiation

Même si on admet le principe de guerre juste, on devrait toujours s'interroger sur les moyens de résoudre un conflit autrement que par les armes. En Irak, au Kosovo, en Afghanistan, par exemple, n'y avait-il pas d'autres solutions que la guerre ? Négociations, médiations, pressions diplomatiques, sanctions économiques font partie de ces moyens. Quand un conflit ne peut être résolu ainsi, la guerre est peut-être alors un moindre mal et être considérée comme « juste », même s'il est très difficile de porter ce type de jugement moral quand des vies humaines sont en jeu.

Le bien, le mal, une affaire compliquée : acte I

Aux journalistes qui l'interrogeaient sur les civils afghans tués sous les bombardements en Afghanistan, à l'automne 2001, le secrétaire à la Défense américain Dick Cheney répondit qu'on ne fait pas d'omelette sans casser des œufs.

Le bien, le mal, une affaire compliquée : acte II

Un peu plus tard, le même homme appelait les soldats américains et leurs alliés afghans à ne pas faire de quartier et à éviter si possible de faire des prisonniers... Ces propos vont à l'encontre de toutes les conventions internationales.

dico *Médiation : menée par l'intermédiaire d'un pays ou d'une organisation neutre et désintéressée, la médiation vise à amener des partis en guerre autour d'une table pour négocier.*

Occupation : période de la Seconde Guerre mondiale pendant laquelle la France fut occupée par les Allemands (1940-1944).

Proche-Orient et Cachemire, conflits sans solution ?

Plusieurs conflits dans le monde perdurent depuis des dizaines d'années sans trouver de solution. Deux d'entre eux constituer une très grande menace pour la stabilité du monde.

Une décolonisation ratée

Les conflits du Proche-Orient et du Cachemir ont débuté la même année, en 1947. Ce n'est p tout à fait un hasard, car c'est à cette époque q commence la décolonisation. Sous la pressio de mouvements nationalistes, le Royaume-U se retire précipitamment de régions dont il av la responsabilité sans résoudre les multipl questions territoriales, culturelles et religieuses q opposaient les peuples sur place. Immédiateme après son départ, les conflits explosent.

La menace nucléaire

Pas médiatique, mais très dangereux pour le mon (depuis 1998, les deux belligérants sont dotés l'arme nucléaire) est le conflit qui oppose l'Inde a Pakistan pour la possession du Cachemire. Depu 1947, trois guerres ont opposé ces deux grands pa (1 milliard d'habitants en Inde, 140 millions a Pakistan), et des accrochages entre les deux armé ont lieu tous les ans le long de la ligne de cessez-l feu qui coupe le Cachemire en deux.

Israël et Palestine

La Palestine a toujours été un objet de disput car les lieux saints de trois religions (juive, chr

Le savais-tu ?

Le Cachemire

Cette région de l'Himalaya a de tout temps été très convoitée. Lors de la création de l'Inde et du Pakistan, en 1947, le Cachemire devait se prononcer pour son rattachement à l'un ou à l'autre. Son maharaja (hindou) opta pour l'Inde, contre l'avis de sa population (musulmane). L'Inde occupa militairement la plus grande partie du Cachemire. Depuis, la région est en état de siège permanent.

ienne et musulmane) se trouvent sur son terri-
oire, à Jérusalem. En 1947, l'ONU décide de
éparer le territoire en deux États, l'un juif
Israël), l'autre palestinien. Un conflit entre
sraéliens et Arabes éclate tout de suite. Plusieurs
ui succéderont. Un nouvel affrontement a
té déclenché en 2000 et a fait des centaines
le morts depuis, sans qu'une solution ait pu
tre trouvée.

Conflits héréditaires

Ces peuples se battent pour de multiples raisons,
mais ce qui rend leurs conflits si difficiles
à résoudre est la haine qui s'est accumulée
entre eux au fil des années. Dans chaque camp,
beaucoup de gens ont souffert. Et, malheureusement, la souffrance appelle le désir de
vengeance. Il faut presque toujours beaucoup
le morts et de destructions avant qu'une paix
soit signée, souvent après la défaite totale d'un
les deux partis.

Des pierres contre des chars

La première Intifada
(« guerre des pierres »)
a commencé en 1987 dans
les territoires palestiniens
occupés par l'armée
israélienne. Des enfants
de 12 à 15 ans ont été en
première ligne avec, pour
seule arme, des pierres
contre les chars et les fusils.

*Belligérant : qui
participe à une guerre.*

*Décolonisation : période
qui suit la Seconde Guerre
mondiale et voit
les puissances européennes
(le Royaume-Uni et
la France, principalement)
se retirer des colonies qu'elles
possédaient un peu partout
dans le monde, notamment
en Afrique et en Asie.*

*ONU : voir définition
p. 31.*

Pacifisme et non-violence

En Europe, la guerre n'est plus considérée comme un phénomène naturel contre lequel on ne peut rien faire.

L'écrivain-philosophe Voltaire dans son cabinet de travail (anonyme du XVIII° siècle).

L'unité du genre humain

Un retournement de valeurs s'est opéré en Europe. Aujourd'hui, la guerre n'est plus une valeur dominante et elle est même plutôt considérée comme une horreur par la majorité des gens. Les guerres meurtrières du XX° siècle, avec leur lot de souffrances, sont passées par là. Et puis, il y a eu la diffusion progressive des idées humanistes et pacifistes.

Les militants de la paix

C'est au XVIII° siècle que des penseurs (Montesquieu, Rousseau, Voltaire…) ont conçu l'idée de « paix ». Auparavant, la guerre était considérée comme « naturelle ». Depuis, des pacifistes combattent la guerre comme un mal et militent pour la paix dans le cadre d'associations, de syndicats ou en diffusant leurs idées dans les journaux.

Le savais-tu ?

La paix, ça s'apprend

La pédagogue italienne Maria Montessori (1870-1952) a écrit *L'Éducation et la Paix* dans les années 1930. Pour elle, la paix s'apprend dès le plus jeune âge, notamment à l'école, par l'apprentissage de la tolérance, du respect et du dialogue. Pour résoudre un problème, il faut parler, discuter, poser des questions, ce qui permet de désamorcer un conflit avant qu'il ne dégénère en violence (bagarre, dispute).

---

autres ont refusé de porter les armes et d'aller battre : ce sont les déserteurs, les insoumis ou objecteurs de conscience.

non-violence, une arme redoutable

non-violence consiste à lutter pour une cause r des moyens d'action pacifiques, en refusant ute violence : grèves générales, manifestations masse, refus collectif de payer les impôts. andhi et Martin Luther King en ont été grands apôtres au xxe siècle.

premier a combattu Inde pour l'égali-des droits entre Indiens et les itanniques, second pour galité entre Noirs et les ancs au temps la ségrégation ciale aux États-Unis.

limites du pacifisme

ue faire quand on a face à soi un Hitler prêt à tout ? ster les bras croisés ? Ne pas intervenir, sous étexte qu'on veut vivre en paix ? La notion de cifisme a subi une grande défaite en 1938, aux cords de Munich. En effet, si la France et le yaume-Uni avaient arrêté la politique expansion-ste de l'Allemagne nazie plus tôt, avant qu'elle ne it trop puissante, elles auraient peut-être évité pire. Le même dilemme se pose chaque fois 'une guerre ou un massacre est en cours dans le onde. Doit-on, au nom du pacifisme, laisser faire ?

Le Déserteur

C'est le titre d'une chanson de Boris Vian. Il s'y adresse au président de la République pour lui dire qu'il préfère déserter plutôt que d'aller se battre. Cette chanson fut écrite pendant la guerre d'Algérie (1954-1962).

Manifestation pacifique contre l'intervention militaire américaine au Vietnam, États-Unis, 1971.

dico

Accords de Munich : pour sauvegarder la paix à tout prix, la France et le Royaume-Uni signèrent avec Hitler, en 1938, les accords de Munich, qui reconnaissaient l'annexion d'une partie de la Tchécoslovaquie par l'Allemagne.

Humanisme : les êtres humains sur la planète forment une seule communauté : le genre humain. L'humanisme fait du respect de l'homme la valeur suprême, quel que soit son origine, sa culture ou sa religion.

Pacifisme : doctrine visant à défendre et promouvoir la paix au lieu de la guerre.

Ségrégation : politique raciste qui consiste à séparer certaines populations des autres, notamment les Noirs des Blancs, en leur interdisant l'accès à des écoles, des transports, des magasins.

Du côté des pays riches

Malgré leur aspiration à la paix, les pays occidentaux se sont trouvés récemment impliqués dans plusieurs guerres. Certaines préfigurent sans doute les guerres de demain.

L'hyperpuissance américaine

La fin de la guerre froide a déclenché d'innor brables conflits locaux un peu partout dans monde. Les puissances occidentales y sont parfe directement engagées (Irak, Somalie, Kosov Afghanistan). Élevés au rang d'« hyperpuissanc mondiale depuis la chute de l'URSS, les États-Ur font de plus en plus souvent office, aujourd'hu de gendarme du monde.

L'influence des médias

Dans les démocraties, l'opinion publique les médias exercent une très grande influenc Par exemple, c'est par les images de CN que le monde découvre avec horreur, en 199 la guerre civile qui ravage la Somalie. La pressic des médias et des opinions publiques amè les Occidentaux à intervenir sous le regard c caméras de télévision. Dix ans après, la Soma est toujours en proie à la guerre, mais elle ne f plus la une des journaux.

Hypocrisie de la guerre propre

C'est pour préserver une opinion publique deven sensible aux horreurs de la guerre que les Éta Unis ont élaboré la doctrine du « zéro mort la puissance technologique de leur armée le a souvent permis de remplir cet objectif. Il n'

Photo page de droite : New York, 11 septembre 2001. Scène de panique dans la rue après que des terroristes ont fait s'écraser un avion sur une des tours du World Trade Center.

st toutefois pas de même pour la population du pays d'en face, victime de l'utilisation massive les bombardements. Mais l'opinion publique 'en est pas informée sur le moment, car le 'entagone contrôle les images et les informations.

errorisme et délinquance internationale

e terrorisme fut longtemps l'arme du pauvre contre e riche, du faible contre le fort. Cependant, aujour-l'hui, il est souvent devenu impossible de séparer 'acte politique du banditisme criminel le plus odieux, ant groupes politiques armés, trafiquants et mafias nt tendance à se confondre. Le terrorisme était es dernières années la menace la plus sérieusement rise en compte par les experts militaires américains. es attentats du 11 septembre 2001, à New York et Washington, ont confirmé cette crainte de façon sinistre.

Du côté des pays pauvres

Cette femme tchéchène a tout perdu après qu'un missile russe s'est abattu sur sa maison (octobre 1999).

Une ligne de fracture oppose de plus en plus les pays développés, stables, et les pays pauvres, où se déroulent la majorité des guerres aujourd'hui.

Des conflits plus nombreux

En Europe occidentale, nous n'avons pas connu la guerre sur notre sol depuis la Seconde Guerre mondiale. Pourtant, il n'y eut pas moins de 150 conflits armés dans le monde depuis 1945, souvent dans les pays pauvres. La course aux armements pendant la « guerre froide » a en effet entraîné un surarmement de la planète. En 1998, on comptait une trentaine de guerres, le plus souvent civiles, dont une quinzaine en Afrique. Les hommes y recourent de plus en plus souvent pour résoudre un conflit ethnique ou frontalier.

La souffrance des civils

Derrière la sécheresse des chiffres, il y a la réalité des souffrances. Avant l'époque moderne, les guerres se réglaient entre soldats, sur des champs de bataille oin des villes. De nos jours, la guerre totale et mécanisée frappe partout et sans distinction. Les populations non combattantes sont touchées. 80 % des victimes aujourd'hui sont des femmes et des enfants. Maisons, écoles, hôpitaux sont souvent détruits sous les bombardements : quand la guerre est finie, des milliers de victimes continuent de mourir de faim, de froid ou de maladie.

« Guerres sales »

On dit parfois que les conflits du tiers-monde sont des « guerres sales » parce que les conventions internationales ne sont pas respectées. Les civils sont assassinés volontairement, notamment dans le cas des guerres ethniques. Les enfants sont enrôlés de force comme soldats. Des armes terribles sont employées : bombes à fragmentation (qui libèrent de nombreux projectiles mortels), armes chimiques, mines antipersonnel.

Guerre et sous-développement

Acheter des armes et recruter des soldats coûte très cher à un pays. Certains États dépensent tout leur argent ainsi et il ne reste plus rien pour le développement, les écoles entre autres. L'Inde et le Pakistan par exemple ont investi des dizaines de millions de dollars pour se doter de l'arme nucléaire alors qu'une grande partie de leur population est analphabète.

Les enfants sont devenus des cibles

On estime que, ces dix dernières années, environ 2 millions d'enfants ont été tués à cause de la guerre.

Anomalies des budgets de la défense

Un sous-marin nucléaire coûte aussi cher que fournir de l'eau potable à 48 millions de personnes habitant à la campagne dans un pays du tiers-monde.

dico

Ethnie : groupe humain dont l'unité repose sur la langue ou la culture.

Guerre civile : guerre qui oppose les populations d'un même pays.

Guerre froide : voir définition p. 19.

Tiers-monde : cette expression a longtemps désigné les pays pauvres. Ce terme est aujourd'hui remplacé par « pays du Sud », « pays en développement » ou « pays moins développés ».

Au Zaïre, jeunes recrues de l'Alliance, troupe dirigée par Laurent-Désiré Kabila lors de son coup d'État, en 1997.

29

Si tu veux la paix, prépare la... paix

Les individus seuls auront toujours du mal à sauvegarder la paix si les États ne coopèrent pas entre eux pour mettre fin à leurs conflits autrement que par la guerre.

L'ONU, ça sert à quoi ?

Si l'idée de paix est assez ancienne, il a fallu du temps aux États pour essayer de construire un monde moins violent. Après l'échec de la Société des Nations (SDN), entre les deux guerres mondiales, l'ONU fut créée en 1945 pour sauvegarder la paix internationale. Si elle a réussi à élaborer un véritable droit international et à en condamner officiellement les violations par le biais de ses « résolutions », elle est impuissante depuis 50 ans à réduire le nombre des conflits dans le monde.

Il faut réformer l'ONU

Il y a en effet un grand décalage entre les principes de l'ONU et la réalité de sa politique. Les cinq membres permanents de son Conseil de sécurité ont un droit de veto qui permet de bloquer toutes les décisions au profit de leurs intérêts nationaux et parfois au détriment de l'intérêt commun. Cependant, par ses organisations spécialisées (Unicef, Unesco, Cour de justice), l'ONU pourrait devenir un bon instrument de paix si des réformes avaient lieu. Malheureusement, les grandes puissances ne veulent pas en entendre parler.

L'Europe, garante de la paix... en Europe

Les pays européens se sont fait la guerre tout au long de l'Histoire, avec, pour points d'orgue, les deux

---

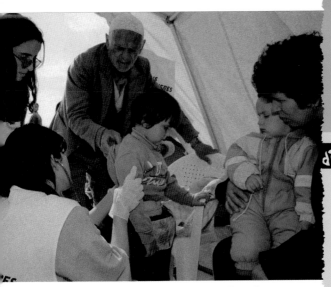

Médecins sans frontières intervient sur tous les lieux de conflits et visite également des camps (ci camp de réfugiés kosovars en Macédoine).

French Doctors

L'organisation non gouvernementale (ONG) française Médecins sans frontières, fondée en 1971, a reçu le prix Nobel de la paix en 1999.

dico

Conseil de sécurité : c'est l'instance de l'ONU qui a le plus de pouvoirs. Elle est composée de cinq membres permanents (États-Unis, Russie, Chine, Royaume-Uni et France), tous des puissances nucléaires et les plus gros vendeurs d'armes de la planète.

ONU : l'Organisation des Nations Unies a été créée en 1945 pour faire respecter au niveau international les droits de l'homme et préserver les générations futures du fléau de la guerre. L'expérience montre qu'elle a souvent échoué.

Résolutions de l'ONU : ce sont les décisions prises par l'Assemblée générale des pays membres des Nations unies à la suite d'un vote, en accord avec le droit international. Le problème est que, souvent, les pays concernés par des « résolutions » ne les respectent pas.

Unesco : Organisation des Nations unies pour l'éducation, la science et la culture.

Unicef : Fonds des Nations unies pour l'enfance.

guerres mondiales. C'est entre autres pour éviter une nouvelle guerre entre l'Allemagne et la France que la Communauté européenne du charbon et de l'acier, ancêtre de l'Union européenne, a été créée en 1951. Et ça a marché. Grâce à la construction européenne, les pays d'Europe ne se sont pas fait la guerre depuis une cinquantaine d'années.

Le prix Nobel de la paix

Depuis 1901, chaque année, le prix Nobel de la paix est décerné par un comité suédois pour récompenser une personne ou une organisation œuvrant pour la paix dans le monde. Ce n'est pas qu'un titre honorifique, car cette distinction, très médiatisée, permet de faire connaître à l'opinion publique internationale une action bénéfique pour la paix et de la légitimer. Par exemple, le prix Nobel permet à son détenteur d'obtenir plus facilement des appuis politiques et financiers.

Un peu d'optimisme ?

À l'image de ces Libanais en liesse, la fin d'un conflit est toujours une source de joie

Des accords de paix ont mis fin récemment à des conflits qu'on croyait sans solution.

Si on veut, on peut

Ces dernières années, de longs conflits ont été résolus grâce à la volonté politique de quelques États et de quelques personnalités. Ces accords de paix montrent que la guerre peut ne pas être une fatalité, qu'on peut, en s'engageant, changer le cours des choses. Ce qui est dommage, c'est que les médias ont tendance à ne pas beaucoup parler de ces victoires de la paix.

Le Liban

Une guerre atroce ravage le Liban de 1975 à 1990, malgré l'intervention des Casques bleus. Des représentants libanais des communautés en guerre réussissent toutefois à s'entendre en 1989, sous la pression des pays arabes. Appuyée par la Syrie, l'armée libanaise réussit ensuite à pacifier le pays. Ce retour à la paix a été possible car le processus de paix entre Israéliens et Palestiniens progressait à cette époque et parce que les tensions du Proche-Orient s'étaient déplacées vers l'Irak (guerre du Golfe).

Les Balkans

Dans les années 1990, la guerre met à feu et à sang l'ex-Yougoslavie sous les yeux d'une communauté internationale impuissante. En 1994, après deux attaques très médiatisées du marché de Sarajevo, où beaucoup de civils sont tués, l'ONU fait appel à l'OTAN, qui décide de bombarder l'armée serbe. Cette intervention des Occidentaux oblige les belligérants à mettre fin à la guerre (accords de Dayton, en 1995).

Irlande du Nord

En Irlande du Nord (rattachée à la Grande-Bretagne), un conflit oppose depuis des décennies les protestants (qui veulent rester sous la souveraineté britannique) aux catholiques, partisans du rattachement à la république d'Irlande indépendante. En 1998, un accord historique a été signé entre les belligérants. Cet accord a été possible grâce à la volonté politique de Tony Blair, Premier ministre britannique, de Gerry Adams, le chef de ceux qui veulent être rattachés à l'Irlande, et de David Trimble, Premier ministre de l'Irlande du Nord.

Belligérant : qui participe à une guerre.

Casques bleus : soldats de l'ONU de différents pays placés sous un commandement international. Ils interviennent dans un conflit pour empêcher les belligérants de se battre ou pour faciliter l'acheminement de l'aide humanitaire.

OLP : Organisation de libération de la Palestine.

ONU : voir définition p. 31.

OTAN : l'Organisation du traité de l'Atlantique Nord est une structure militaire dominée par les États-Unis. Créée au départ comme un système de défense européen contre les pays communistes, son rôle et ses missions ne sont plus très clairs aujourd'hui, car l'ennemi commun (le bloc communiste) a disparu.

Quiz

Maintenant que tu as lu cet « Essentiel Milan Junior », teste tes connaissances.

1 La guerre froide, c'est :
A une guerre menée dans les pays les plus froids de la planète.
B un conflit entre des pays qui ne s'affrontent pas directement.
C une guerre si longue qu'à force elle s'est refroidie.

2 Le progrès technique a permis de rendre :
A les hommes plus pacifiques.
B les guerres moins dures.
C les guerres plus meurtrières.

3 L'époque la plus violente et la plus meurtrière de l'histoire de l'humanité, c'est :
A la préhistoire.
B le Moyen Âge.
C le xxᵉ siècle.

4 Le Tribunal pénal international (TPI) est chargé de juger :
A les criminels de guerre.
B les petits délinquants.
C les trafiquants de drogue.

5 Un mercenaire se bat :
A pour son pays.
B pour de l'argent.
C pour une idée.

6 Le conflit israélo-palestinien a débuté :
A en 1987.
B en 1967.
C en 1947.

7 En 2002, combien de pays détiennent officiellement l'arme nucléaire ?
A 3.
B 7.
C 23.

8 Parmi ces guerres, laquelle peut paraître la plus « juste » ?
A La guerre de libération contre un envahisseur.
B La guerre pour conquérir des territoires.
C La guerre pour résoudre des problèmes économiques.

9 La Croix-Rouge a été fondée par :
A Gandhi.
B Henri Dunant.
C Alphonse Daudet.

10 Les hommes se font la guerre :
A parce qu'ils ont ça dans le sang.
B par peur de s'ennuyer.
C pour des raisons culturelles, sociologiques et économiques.

Pour t'aider dans ton exposé

Prépare-toi bien avant, en n'oubliant pas que tes copains et copines n'en sauront pas autant que toi sur le sujet.

❶ Le choix du sujet

De quoi vais-je parler ?

Il y a une foule de choses à dire sur la guerre. Toute l'histoire de l'humanité ne parle que de ça ! Mais pas question de t'éparpiller. Tu dois choisir un bon sujet, par exemple la guerre pendant l'Antiquité, l'histoire des armes et de l'armement, les guerres du xxe siècle, la guerre contre le terrorisme, la lutte pour la paix aujourd'hui…

❷ La recherche d'informations

Est-ce que je dois tout lire ?

Non, bien sûr, inutile de lire ce qui ne concerne pas ton sujet. En revanche, tu dois absolument utiliser plusieurs sources d'information. Vérifie que les livres sont assez récents, notamment pour décrire les conflits les plus actuels ! Aide-toi de la liste proposée page 36, va sur Internet si tu peux, n'oublie pas d'aller faire un tour au CDI ou à la bibliothèque.

Faut-il montrer des images ?

Bien sûr, rien de plus parlant que des images. Au cours de tes recherches, repère les images ou photos intéressantes, que tu pourras imprimer ou photocopier. Tu peux aussi dessiner quelques schémas sur une grande feuille (les armes de la préhistoire ou de l'Antiquité, par exemple) ou, pourquoi pas, si cela est utile et possible, montrer des extraits de films…

❸ Ton exposé

Combien ai-je de temps ?

Un exposé ne doit pas dépasser 10 ou 15 minutes. C'est très court ! Réfléchis donc à un plan très précis, articulé autour de 3 ou 4 idées principales.

Dois-je préparer des fiches ?

Oui, prévois-en une par partie de ton exposé. Écris dessus, en gros, les principales choses à dire, ainsi que les chiffres pour ne pas te tromper. Mais surtout ne cherche pas à rédiger le texte ! Rien de plus ennuyeux que d'écouter quelqu'un lire un papier.

Comment commencer ?

Annonce clairement ton sujet et ton plan. Si tu peux, écris-le sur le tableau avant que les autres n'arrivent dans la classe pour ne pas perdre de temps.

Pour aller plus loin

Des livres

- *Gosses de guerre,* Alain Louyot, Robert Laffont, 1989.
- *L'Action humanitaire,* Jean-Luc Ferré, coll. « Les Essentiels Milan », Milan, 1997.
- *L'ONU, pour quoi faire ?,* André Lewin, coll. « Découvertes Gallimard », Gallimard, 1996.
- *La Guerre,* Mathieu Arnoux, Isabelle Jan, coll. « Les idées en revue », L'Atelier, 1992.
- *La Paix pour débutants,* Ian Kellas, La Découverte, 1984.
- *La paix, faut s'accrocher !,* Maryvonne Conan, avec l'aide du chantier BT2 de l'Institut coopératif de l'école moderne (ICEM), disponible en bibliothèque, PEMF (06376 Mouans-Sartoux Cedex), 2000.
- *Les Enfants dans la guerre,* Gérard Dhôtel, coll. « Les Essentiels Milan », Milan, 1999.
- *Les enfants et la guerre,* revue *BTJ* (en collaboration avec l'Unicef), n° 438, PEMF, juin 1998 (disponible en bibliothèque).
- *Soldats et batailles à travers l'Histoire,* C. Meynard, coll. « Doc en poche », Nathan, 1984.

Des films dénonçant la guerre

- *Jeux interdits,* René Clément, 1951.
- *La guerre des boutons*, Yves Robert, 1962.
- *La vie est belle,* Roberto Benigni, 1998.
- *Le tombeau des lucioles*, Isao Takahata, 1989.
- *Pearl Harbor,* Michael Bay, 2001.
- *Promesses,* Justine Shapiro, B. Z. Goldberg, Carlos Bolado, 2001.

Des musées pour réfléchir

- **Mémorial de Caen** (Calvados, 14), musée consacré à la guerre de 1939-1945 : www.memorial.fr
- **Historial de la Grande Guerre,** à Péronne (Somme, 84), consacré à la guerre de 1914-1918 : www.historial.org
- **Musée des Enfants d'Izieu** (Ain, 01), organise des séminaires d'éducation à la paix : www.izieu.alma.fr

Site internet

- **www.hystoriae.com** : site d'histoire généraliste avec, bien sûr, des informations sur l'histoire de la guerre.

Des associations pour agir

- **Unicef (Fonds des Nations unies pour l'enfance)** : se bat pour améliorer la condition des enfants dans le monde, notamment en temps de guerre. 3, rue Duguay-Trouin, 75006 Paris Tél. : 01 44 39 77 77
- **Handicap international :** cette organisation est une des fondatrices de la campagne internationale pour interdire les mines antipersonnel. 14, rue Berthelot, 69361 Lyon Cedex 07 Tél. : 04 78 69 79 79
- **Enfants réfugiés du monde (ERM) :** cette association prend en charge les enfants réfugiés ou déplacés dans de nombreux pays. ERM a notamment construit des jardins d'enfants dans des camps de réfugiés. 34, rue Gaston-Lauriau, 93100 Montreuil Tél. : 01 48 59 60 29

ndex

Réponses au quiz

1	B	**6**	C
2	C	**7**	B
3	C	**8**	A
4	A	**9**	B
5	B	**10**	C

Responsable éditorial : Bernard Garaude
Directeur de collection : Dominique Auzel
Assistante d'édition : Anne Vila
Correction : Élisée Georgev
Iconographie : Anne Lauprète
Conception graphique-maquette : Anne Heym
Couverture : Bruno Douin

Illustrations : Antoine Guilloppé
pour les pages 6-7

CRÉDIT PHOTO
couverture : (haut et dos) © D. Chauvet - Milan /
(bas) © D. Sagolj - Reuters
pp. 3, 4-5 : D. Chauvet - Milan / p. 8 : © P. Colombel - Corbis
p. 9 : *L'Histoire de Merlin*, R. De Boron – © BN, France –
Bridgeman Art Library / p. 10 : *Soldats armés avec des
canons assiégeant un château*, © British Library, Londres –
Bridgeman Art Library / p. 11 : *La garde consulaire à
Marengo le 14 juin 1800*, D. A. M. Raffet – © Wallace
Collection, Londres - Bridgeman Art Library / p. 12, 13,
20 : © Rue des Archives / p. 14 : © H. Lewandowski – RMN,
La croisade des enfants, gravure d'après E. Zier – ©
Collection Roger-Viollet / p. 15 : © Collection Roger-Viollet,
© P. Turnley - Corbis / p. 16 : © Burger – Phanie / p. 17 :
© G. Rowell – Corbis / p. 18 : *Alexandre le Grand*, Naples,
© Collection Roger-Viollet / p. 23 : © P. Turnley - Corbis
p. 24 : *Voltaire dans son cabinet de travail* – Musée Carna-
valet, Paris – © Collection Roger-Viollet / p. 25 : © W.
McNamee - Corbis / p. 27 : © A. Sancetta – AP - Sipa / p. 28 :
T. Hicks – Liaison - Gamma / p. 29 : Photonews – Gamma
p. 31 : © H. Davies – Corbis / p. 32 : © K. Yannis - Corbis

© 2002 **Éditions MILAN**
300, rue Léon-Joulin,
31101 Toulouse Cedex 1 France
Droits de traduction et de reproduction
réservés pour tous les pays.
Dépôt légal : octobre 2002.
ISBN : 2-7459-0706-9
Imprimé en Espagne.

Derniers titres parus

1. Toi, futur citoyen
Sylvie Furois

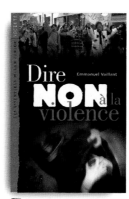

17. Dire non à la violence
Emmanuel Vaillant

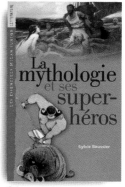

26. La mythologie
et ses super-héros
Sylvie Baussier

31. La vie des monstres :
sorcières, vampires,
loups-garous...
Stéphane Frattini

32. Garçons et filles :
tous égaux ?
Magali Clausener-Petit